어울리지 않는 듯한 어우러짐

어울리지 않는 듯한 어우러짐

최신림 세 번째 시집

시인의 이야기

오월이오면
정읍시 덕천면 황토현에 붉은 바람
아카시아 향기로
이평면 말목장터에서 불어
만석보 배들 들판 가로질러
울림의 詩 소리로 은은히 퍼져난다

곰삭지 못한 가슴앓이로
세 번째 펴내는 시집은
언어의 기교와 유희 부리지 않고
뜨거운 가슴에서 밀고 올라온
냉철한 거친 언어
차가운 머리에서 스스럼없이
다정한 이야기로
정성 다하여 한 땀씩 써내려갔다

말이 맞지 않는 엉뚱한 이야기가
현실로 이루어지듯
책속 내용을 읽다보면
정말 그럴까 하는 의구심
생길 수도 있지만
서너 번 되 읊어보면 아름답게
느껴질 것입니다

2016년 7월
정읍 황토현에서
저자 **최 신 림**

제1부 아름다운 방황

제2부 어울리지 않는 듯한 어우러짐

제3부 얄궂은 꿈

제4부 추억으로 가는 길

제5부 가을

제 6 부 초심

제 1 부

아름다운 방황

소박한 희망가

크게 바라는 것 없습니다
타오르는 가슴으로 그대 위한
투명하고 맑은 아름다운 노래
아낌없이 부를 수 있도록
작은 마음 창 활짝 열어
어둠 밝히는 흔들리는 촛불
모진 비와 바람에 굴하지 않고
활활 타 오를 수 있도록
양질 공기 한 아름 불어넣어
가난에 힘들어 하는 순간
생의 막다른 생각 하지 않고
다시 일어설 수 있는
희망과 용기 샘솟듯 솟아
음지에서 꿈 버리지 않고
내일 향한 태양의 등불 향하여
송골송골 이마에 맺힌 땀방울 척박한 땅에
한 아름 떨어져 새로운 생명수 샘물로
아낌없이 주는 나무 튼실하게 키워가며
조그마한 것이라도

반으로 나눠줄 수 있는 연결고리 연달아
더불어 같이 힘 모아 서로 위하여
양보의 미덕 베푸는 존재 이면서
고난이 다가오더라도
나보다 더 힘든 이 찾아
지루함으로 지쳐가는 고단함 밀려와도
고통과 인내 마지막 행복이라 견디며
상생으로 살아가야 하는 이웃 함께 웃음으로
더 이상 욕심 부리지 않고
나보다 너를
너 보나 우리를 거리낌 없이 보살펴주는
더 낮은 마음가짐으로 살아가게 해주십시오

겨울은 가고

바람에 까칠한 발톱 숨긴 장미 가시
메마른 줄기 후려치며 굳은살 발라내고
뼈만 남은 앙상한 목마름 참아내는 것은
경칩 지나 봄이 다가왔음 알리는 신호이다

혹독한 추위가 있음은
따스한 계절 뒤 따라 오는
기다림의 미학으로 알 것이요
옳고 그름은 변치 않고
순리 따라 어김없이 오는 법

뒤 바꿀 수 없는
자연 법칙으로 피워내는 꽃
다만 조금 늦은 진리 피어
더욱 귀하고 아름답게 느껴질 것이요
겨울 가는 길
미련한 눈 지그시 감고 있으리라

냉골 떨었던 우릴
더욱 캄캄한 골방으로 몰아

서로 껴안으며 움츠린
아둔한 눈먼 통증 참아야했다

사그라지는 동토 되돌아보지 말고
그냥 그렇게 흘러
봄볕
맞이하도록 놔둬야 한다

공간 속의 독백

아무도 자리하지 않는
방 네 귀퉁이 고요한 싹
푸른 녹으로 얼키설키 엉켜
길게 달려온 이야기 종착역
낡은 벽 타고 오른 지나간 시간의 길
쉬지 않고 촘촘히 짜여간다

앞 분간할 수 없는 안개 속 걸어
잡을 수 없는 연기로 흘러가버린
가슴에 묻어둔 그리운 얼굴
향기로운 풀 언저리 뿌리우고

까까머리, 까만 고무신으로 모래 가르며
팽나무 밑 풍뎅이 잡아 놀던 동무
흐르는 기억 뒤편 사라져가고
텅 빈 사각 공간에 일탈 꿈꾸며
돌아갈 수 없는 아쉬움 위로한다

잔물결 숨겨진 사춘기적 모습
변해가는 유리창에 일그러지고
가슴으로 말하던 다 듣지 못한 독백
비열하게 찌든 거리 불빛으로 가리어
보고 싶던 이 사라진 향수 그리워
빈 길모퉁이 돌고 돌아
처음 찾아 발걸음 멈춘다

한쪽 눈썹의 희망

부평 화랑 농장 가는 길
에스자로 길게 꼬부라져 한참 드리운 외길
신도시바람 농장 야산에 불어
오랫동안 박혀 움직이지 않던 돌
뾰족한 부리로 닭이 모이 쪼으며 허적거리듯
크랴샤*가 이 곳 저 곳 마구 쑤셔댄다

흔들리는 슬레이트 지붕
화장대 앞에 힘없이 쪼그려 앉은 노인은
의지와 관계없는 우스꽝스런 형태의 얼굴로
모로 비스듬하게 어깨 비틀어
반사된 환영幻影 뚫어지게 바라보고 있다

전생의 천형 지우기 위해
기억이 가물가물한 눈썹 떠올리며
좌우로 떨리는 굽은 손가락에 힘 준다

무슨 죄 지었기에 구천에서 떠도는 원귀
꿈속까지 찾아 목 놓아 울면서

* 돌 깨는 기계

한쪽 눈썹 떼어 갔을까
사람이 쏟아 붓는 차디찬 멸시의 눈 피하여
아무도 없는 깊은 산중으로 숨어들고

몇 가닥 남지 않은 눈썹 덧칠하다
자꾸 엇나가 지우고
몇 번 실랑거리는 푸념

개발 바람이 산과 집 깎아내고
허름한 닭장과 돼지 막
매몰차게 걷어내 버린다

생활 터전 빼앗긴
노인은 더 이상 이사 갈 곳 없어
얼굴 잔주름 자글자글 샛강 이루고
뼛 속 스며든 잔금으로 파고든 상처
오늘도 이 악 물고
일그러진 한 쪽 눈에 혼신의 희망
조심스레 불어 넣는다

깊어가는 겨울밤

서산 뒤로 숨겨진 삼지창 부챗살 펼쳐
힘 다 소진한 태양 쥐락펴락 삼키며
불그레한 하늘 목탄木炭 어둠 칠한다

물기 묻은 손가락 문고리 찰싹 달라붙어
놓아주질 않는 추위가 기나긴
겨울밤 여울어가면
백등유 심지 깊이 박고 힘차게 빨아 올려지는
가늘게 흔들리는 호롱불빛 방안 어둠 몰아낸다

아버진 낮에 물기 뎃칠한 촉촉한
몇 개 짚 다발 몇 번 탁탁 털어
잔 부스러기 손질하여 방으로 들여온다

잘 다듬어진 짚 다발 한 줌
왼쪽 옆구리 근처 적당한 자리에 놓고
어머니와 나란히 머리 마주하여
일 년 농사 쓸 짚 꼬는 작업 시작한다

몇 가닥 매끈한 지푸라기 뽑아든 아버진
손이 푸석하지 않도록 양손에
침 퉤퉤 연거푸 뱉어
좌우 손에 쥐어진 지푸라기 싸르락 싸르락
두꺼운 시간의 손 비비며 꼬아간다

양반자세로 앉아
오른쪽 엉덩이 사이로 눌려져
누에 실처럼 가느다랗게 뽑아져 나오는
양쪽으로 비틀어 꼬아진 핼쑥한 짚의 얼굴
길고 긴 겨울 첫날밤 맞이한다

두루마리 휴지가 널부러진 듯
어지러 흩어진 긴 줄
아버지는 둘 둘 말아 한쪽으로 정리하고
어머니가 갓 쪄온 따끈하고 물컹한 고구마
물김치와 함께 야참으로 가난한 허기 채운다

호롱불 바람에 길게 흐느적이는 용오름으로
방안엔 독특한 석유 냄새가 가득 차고
코끝 인중에 두 줄 검은 파스텔 묻어
새롭게 만들어준 길 열릴 때까지
아버지와 어머니는
짚으로 짜여간 긴 시간의 새끼줄 만드는 작업
겨울밤 저물도록 계속되었다

더욱 아름다운 꽃

생활 폐기물 매립장에도
꽃은 피어난다
쓰레기 소각하고 배출되는
중금속 오염된 시꺼먼 소각재
냄새나고 더러운 것 덮는
복토용으로 사용하는 재활용 흙
봄이면 자연의 순리 어길 수 없어
사월 다 가기 전
악취와 메탄가스 코 잡고 참으며
푸른 대궁 힘차게 두꺼운 지표 뚫고
얼굴 내밀고 올라오는 유채꽃
인간에게 버림받은 비운의 땅
한 해 딱 한번 노란 옷 입어
바람 흔들리는 맵시 내보이며
아무도 반겨주지 않는 황량한 이곳
폐기물 운반하는 노동에 지친
근로자에게 힘들어 하지 말라고
아무렇지 않은 듯
환한 웃음으로 온종일 하늘거린다

파시

먹다 버린 송편 닮은
쪽빛 초승달 다 가시기전
전날 취한 울렁거림 소화하지 못하고
썩은 가시와 덜 삭힌 홍어냄새로
탈이 난 쓰레기
매립장으로 실고 들어오는 압축 차량들
소화불량으로 트림하는 굳게 닫힌 입 크게 벌려
내장 모두 긁어 내보여 내가 먼저 왔다고
악취 진동하는 메마른 땅에 모두 토악질 한다

덜 마른 먼지 고스란히 뒤집어쓰고
흐릿한 안개 눈 가린 오전 장 열리면
환경 지킴이 손에 들려진 긴 갈고리
어시장 경매사 생선 뒤집는 손놀림으로
쓰레기 이리 저리 뒤적이며
불법 흔적 되 집어
하루 고된 일과 시작한다

사람에게 버림받은
골 깊은 쌍커플에 파란 눈 덜 감긴
가녀린 몸매로 윙크하는 바비인형
쑥스런 마음 애써 고개 돌려 보지만
검은 한쪽 눈알 달랑거리는 때 묻은 흰곰
두 팔 벌려 소리 없이 파고든다

만선 깃발 펄럭이는 굴삭기
모여진 폐기물 긴 뱃고동 소리로 밀어
태어나고 사라지기 반복하는
바다 고향인 검은 땅에 평장平葬하고
하수슬러지로 만들어낸 고화토
두꺼운 회색 거칠게 덧칠한다

파도 고요함으로 평정平正된
광활한 매립장의 고약한 냄새
바람으로 밀쳐 사그라지면
오늘 하루장 파한다

느림의 미학

풀꽃 바람 흔들리는
망사 철망 붙어 타고 오르는
돋은 가시 깊숙이 숨긴 넝쿨장미
옹골천* 길섶에 흐드러지게 얼굴 내민다
시간 여유 찾을 수 없는
빠른 문명 노예로 빠져드는 사람
느린 걸음의 미학 알 수 없는 듯
앞 쫓아 한 방향으로 달려간다
무엇이 즐거운지 재빠르게 지나가는 자동차
뒤꽁무니 와류로 빨려드는 관성의 힘 휘둘려
세상물정 모르고 소복하게 피어오르는
여러 겹으로 껴안은 보송한 꽃송이
조막손 꽉 쥐고 자신 의지와 무관하게
좌우 앞으로 이리저리 흔들린다
일자 올곧은 길 따라
수 백 미터 늘어선 선홍장미

* 옹골천 : 정읍시 망제동에 위치한 너른 냇가

까칠 까칠한 등줄기
활모양 휨 자랑삼아
마름모 담장이 연출하는 기교로
한 움큼 쭉 밀어
타원으로 터지는 칼칼한 홍조 웃음
햇살 도움 받아 오월 향기 퍼져난다

멈춰버린 시간

서랍장, 빛바랜 사진으로 정지된 그날
세상에서 가장 먼 곳은 머리에서 가슴
놓아야 하는데 마음에서 놓아주질 못하고
먼지 쌓인 군더더기 분침과 초침
쇳내 쌓인 기억 이끼 벗겨낸다

손때 묻은 그리움
차가운 맹골도 바다 밑 오가며
힘 다한 아슬아슬한 파도
물살 조금씩 뭍으로 밀어주는 날
손아귀 벗어난 이름 목 놓아 부르고
하염없이 불러 봐도 대답 없는
갈매기 날개 약속하다

사월 하늘 보고 싶은 얼굴
시간 갇힌 해맑은 소리 없는 웃음
잡을 수 없는 새털구름으로 번지고
같이 보냈던 지난 시간
바람으로 보내 줘야 하는데
아쉬움으로 보낼 수 없어
가느다란 손가락 지긋하게 힘준다

화엄의 길

타래 바람 홀연히 벗어
풍경 싸인 천년 추 흔들고
영혼 없이 퍼렇게 녹슨 구리 내음
무릎 닳도록 처마에 메달아
곰삭은 시간 파르르 벗겨낸다
울림으로 쉬지 않고 오르내리는
애가 타는 떨림
선행 달빛으로 들려주는
묵직한 댓잎
나직하게 내려앉은
덕행의 소리였다
모든 것 잡지마라 하였는데
놓지 못하고 잡으려는
화엄의 길
발자국으로 지워가는
멀고도 숨찬 길이다

설원에 피는 꽃

꽃 위해서가 아니라
꽃 아는 모든 이 위하여
한 곳 머무르지 않고
무상無常의 텅 빈 걸망 메고
물 흐르듯 묵언의 땅 걷는다

참선은 저 산으로 가버리고
달콤한 잠의 유혹
지은 업으로 살포시 다가와
아려오는 오십견 비웃듯
천만근 돌 무게로 내리는 눈 커플
꿈속 날개 펴 이곳저곳 날아다닌다

아슬아슬 그네 타는 홍등의 조명
탁자엔 오렌지가 반쯤 혀 내밀어
진하게 취한 위스키 향 마신다
말보르 담배 연기 진하게 온몸 감아 오르고
짧은 민소매 걸친 며칠 굶은 여우의 알몸
마성의 손길로 음습한 사타구니
실뱀으로 살며시 더듬어 기어들어올 찰나

큰 설법 내리치는 작은 죽비
천둥소리 귓가 일갈하여
순간 눈앞 번쩍 하는 깨달음
꽃 위해서가 아니라
꽃 아는 모든 이 위하여
광활한 설원 아름으로 걸어간다

아름다운 방황

가지 말아야할 길
가려고 고집하는 별
천궁天宮 어느 자리에서
중심 잃고
우주 천덕꾸러기로
수 만년 떠돌다
굴레 끝 찾아 막 떠나간다
살가운 지구가 열어주는
가녀린 손길 따라
분홍빛 미소 머금고
고요한 대기권 살갗
깊숙이 파고들어
차가운 머리에서 발끝까지
타들어가는 열정의 불 맛
강하고 빠른 속도로 불사른다
다 타지 못한 잔 부스러기
밤하늘 긴 꼬리 그으며
그녀 가슴 파고들어
순간의 짧은 시간
영원한 별똥별 사라진다

순간 이동은 안 될까

혹시 열릴세라 밧줄 온 힘 다해 두 겹 세 겹으로 동여매지고 한 톨 바람이 통하지 못하도록 바늘구멍 틈새 유약 발라 정오 슬픈 태양아래 덩그러니 팽개쳐진 사각 뒤주 젊은 세자 이선은 뜨거운 목젖 감아쥐며 있는 힘 다해 목 터져라 아버지 부르고 불러보았다. 오아시스 시원한 물 한 모금 간절함은 이레 밤 지나고 여드레 낮 밝았을 때 축 늘어지고 문드러진 열 손가락 손톱 사방 어두운 고통의 벽 허물고 허물며 깊은 가슴 파고 흐르는 한恨의 절규 피로 물들고 마지막 들숨 목 넘기지 못하고 턱하고 목젖 막혀 도로 내쉬어 혼미한 정신 저승 첫발 디뎌 눈물로 두 눈 밝혀 웃음으로 보고 싶었던 얼굴!
아들 이산~아

내 마음 빼앗겨버린
손바닥 만한 사각 액정 속으로
순간 뛰어 들어가
모든 것 뒤집어 버리고 싶었다

고동소리

포말 뜨거운 울음
수평선 우거진 골
어둑어둑 할 때까지
멈추지 않고 계속되었다

파도 키 재기가 끝나고
밤 문이 열리는 별의 눈 맞춤

잠잠해진 너울 고랑 따라
나선으로 길 안내하는
좁다란 모래성 올라
원뿔 모서리 살짝 잡고서
호흡 지긋이 불어넣는다

우둘투둘 뾰족한 소라 입에서
둔탁한 물방울 울려나오는
중저음으로 치고 솟는 바다 소리

자신 살 둥글게 깎으며
고깔바다 뒤집어쓴 소라
물새가 물어다준 수줍은 퍼런 소금으로
꼭 달라붙은 슬픈 바다 이야기
보이지 않은 울림의 물비늘로
애써 벗겨내려 한다

꿈은 이뤄진다

오지도 가지도 못 한 발 묶인 바람
구름으로 불어 튼 습한 토종 뼈
붉은 흙으로 변해버린 황토현* 들판
안개 휘저어 눈물 감춰버렸다

희뿌연 실안개 둘러쓴 침묵하는 들녘
논두렁 고부랑길 걸음으로
저 밑에서부터 밀고 올라오는 은은한 울림
그 소린
고요한 어둠 이겨내고
우직하게 새벽으로 걸어가는 발걸음이요

샛별은 여린 풀잎에
마른기침으로 사라져가고
두 손 모은 여인
틀어진 사각 공간에 차오르는
소리의 영혼 아름아름 보듬어
잃어버린 자신 찾아

* 정읍시 덕천면에 자리한 동학 혁명 유적지

가슴 뭉클함 묻어나는 나지막한
그 소린
지난 시간 지우고 새 희망 알리는
소망의 떨림입니다

제 2 부

어울리지 않는 듯한 어우러짐

무슨 소리일까요

봄 향기
눈 먼저 맛보는 새콤함
동공에 한 컷씩 담아
지그시 감았다 떴을 때
겨울 끝 숨어있는
말 못한
아리고 싸한 이야기
애송이 솜털로
애지중지 둘러싸여
봄바람으로 솟은 봉오리
한 겹씩 두터운 외투 곱게 벗고
먼저 나선 홍매화 찾아
소리 없이 떠날 채비한다
손길 겹겹이 이끄는 데로
하나하나 입에 물고 있던
햇볕
손끝으로 톡 톡 터트려
하늘로 묻어 오르는

고결한 소린
그리운 이에게
순수함으로 전하여집니다

무더위가 사람 잡네

바람으로 급하게 삼킨 폭염
쑥 내려가지 못하고 체한 듯
움찔거리는 울대 감아쥐고
답답한 방문 활짝 열어 제처
숨통 트이는 마당 가장자리에 놓인
삐거덕 거리는 평상 드러누워
땀범벅으로 쉰내 나는 열대야에 달궈진 몸
태극선 부채로 느린 미학의 여유
쉼 없이 어둠에 솔솔 털어놓는다

풀벌레 소리 매료된 여름밤

천궁 모퉁이 자리한 이름 모를 별
보석으로 둥지 틀고
별자리 별 속삭임 들으며
수천 광년 긴 다리 쉬지 않고 걸어
어둠 드러누운 내 귀에 귓속말로
그간 하고픈 말 소곤거린다

무더위가 사람 잡는 시각
사물은 때때로 바뀌어 흔적 없는데
흐트러짐 없이 자기 자리 묵묵히 지키며
변함없이 빛 발하는 이름 없는 별 앞에
나는 한 없이 티끌로 작아진다

째보선창

햇살 수평선 접어
바다 깊이
감추기 시작한다

갈매기 소리
개펄 물이든 너울로 나눠진 포구엔
젊은 이야기 사라진지 오래

속빈 소라
들려주는 뼈아픈 속마음
애꿎은 고동 등에 업고
소금 찌든 바위 찰싹거린다

짠 바람으로 맛든
철거 위기 내몰린
양철 대문

하늘빛 사그라지고
하루 일과 마친 허탈한 목선

침묵으로 나열한
비린내 풍기는 선창을
나는 누구인지
초승달로 걸어간다

어우러짐

움켜쥘수록 벗어나는 미모사
접혀져가는 시간 새장에 갇혀
미약한 호흡으로 흔들리는 손짓
힘 다하지 못하고
초라한 모습으로 갈라진다

똑같은 길 반복하여 걸어도
낮과 밤의 느낌 전혀 다르듯
원안 벗어나지 못하는 일상
원심력 탄력 받아 벗어나려는 초침
서로 맞물린 톱니에 붙들려
반구 홀로 떠도는
무명 새가 된 유성 부러워한다

빛에 모두 발하여 바래버린 사물
어두운 원圓 틈새로 나와
괜찮겠지 하였는데
밀폐된 길 따라 뒤란 걸어간다

무심코 지나친 발걸음 붙드는
투명 유리창에 비치는 나
따라다니는 그림자로 바라보는 너
나와 같은 생각하는지
다른 생각하는지
떠오르지 않는 해답 어지럽다

쑥스럽네

초침 더하기 분침 하루 삶이되고
삶 뒤돌아보면
뒤뚱뒤뚱 오리걸음으로 걸어온 인생이라
인생 나누기 쌓아온 시간 지워 가면
눈물 아른거리는 망각 문턱 다다른다

망각은 연극이요
재미있는 연극 펼치기 전
어둠 물러가고 힘찬 해 떠오르면
무형 무대 올라 해 질 때까지
입체그림 깨알의 점 그려본다

한 점 흔적 모아
구심점으로 쌓인 중심축 올라서면
속빈 내일로 다가가는 걸음이다

사는 것은 연극 끝나고
막 내리는 날까지
객관적으로 바라보는 관객 앞에서
주관적인 나를 보여 주는 것이라는데
왠지 쑥스럽네

징하게 춥네

개펄 골 따라 곰소포구로
세차게 밀고 들어오는 물살
검은 개흙 삼켜 용오름 바람
파고로 반사하는 바다에 던지고
선창에 알록달록 들어선
허스름하게 때 묻은 유리창
마구 흔들어 집어 삼킬 기세다

아버지와 막내여동생 손잡고 함께 찾은
골목 끄트머리 젓갈 집
늙은 주인의 짭쪼롬한 맛깔스런 입담
지칠 줄 모르는 자기 집 음식 자랑

기둥에 묶인
고향 그리워하는 참조기
즐비하게 순서대로
추운 겨울 입에 물고
소금바람 신트림으로 들려주는
칠산 앞바다 무더웠던 지난여름 이야기
목 길게 늘어트려 대롱대롱 듣는다

이런 곳이라면

흙 담 둥근 박
새벽이슬 내려앉고
닭 홰치며
목청 높여 세상 깨우는
이런 곳에
다시 태어나고 싶어라

이웃 눈인사 나누며
정다운 음식 나눠먹고
아파트 층간 싸움 없이 문 열려
살아가는 이야기 정겹게 할 수 있고
나보다 너를 먼저 생각해주는
이런 곳에
다시 태어나고 싶어라

아이들 뜨락에
맘 놓고 뛰놀며
웃어른 공경할 줄 알고
남의 궂은일 마다치 않고

남의 목숨 소중히 생각하는
이런 곳에
다시 태어나고 싶어라

사람 서로 헐뜯지 아니 하지 않고
가난에 허덕이지 않고
밥 굶는 어린아이 없고
유괴범 도사리지 않는
모두가 믿음으로 바라던
아름다움 묻어나는 곳

축제의 비

즐거움 실컷 맛본 벚꽃
봄 옷 벗기 시작하여
세찬 바람 부끄럽지 않은지
밤 틈타 가로등불 아래
홀라당 벗어 시치미 뚝 떼고
새로운 내일 기다린다

다 떨어져간 틈
어둠으로 흐려 놓았던 눈빛
여린 잎 초점 잡지 못하고
맑은 하늘 아래 푸른 얼굴
배시시 웃음 인사한다

봄비 젖은 약한 마음
포근한 정으로 흐르는 작은 냇물
어두웠던 시절 혼탁한 소릴 들었던
활력 잃은 두 귀 자꾸 씻는 버릇
언제부터인지 자연스럽게 생겼다

지난 이야기 아름다운 이야기로
모든 도시 골고루 뿌려
계절 따라 밝아오네

어울리지 않는 듯한 어우러짐

밤나무와 오동나무
어울리지 않는 듯한 어우러짐
정악의 고른음 가다듬은 여인 숨결
공명판 딛고 울려나는 아름다운 모습이어라

기러기발끝 아슬아슬하게 떨리는 얼굴
곱게 꼬여진 명주실 끝 잡고
젊은 여인 삐죽한 골목 빠져나와
서둘러 서대문 형무소 향하는 발걸음
이상하리만큼 오늘 따라 발끝 아리고 버거웠다

지아비와 아들 면회 할 수 있다는
한 가닥 희망 꼭 안고
마지막 돌계단 힘주며 힘겹게 오르던 길

여덟 청춘 피 값 거둬들인
춤추던 판사 방망이
검은 입 깊게 다물고 짧은 혀 숨겨
비뚤어진 닭 부리에서

쉰 소리가 마른 소리로 힘겹게
하늘로 터져 오를 때 까지
반백 머리 그들 제복 벗지 않고
거리 활보하였다

좁다란 무악동 기와집 휘돌아
담장 밖으로 둔탁하게 튕겨 나오는
현금玄琴의 때 묻지 않은 산조 음
가파른 언덕 오르내리며
땅으로 뿌려진 눈물 소리
마음에서 식어가는 종종걸음으로
우리 곁 돌아서 멀어져간다

아쉽네 그려

신들이 어렵사리 내어준 시침時針
철없는 초침 분침 깨 부셔
숨 가쁘게 달려 왔다

영원하지 않은 길고 짧은 원
쫓기는 자 긴 바늘 부족하고
뒤쫓는 자 짧은바늘 부족하다

어제의 오늘 손아귀 벗어나
오늘의 순간 어제로 가버리고
미래로 이어지는 내일
잡을 수 없어 불확실하다

절망의 늪지나 희망 찾아
여기까지 왔는데
인제 남아있는 힘 부족하다

드리궁틸*

천장사여
오른손에 든 그 칼로 내 두 눈 뽑아
흰머리 독수리에게 던져다오
폐허 거리에서 선 보고도
행하지 못한 실명한 두 눈
흰머리 독수리여
하늘 높이 올라 선한 눈으로
세상 보도록 하여 주소서

천장사여
오른손에 든 칼로 내 혀 잘라
흰머리 독수리에게 던져다오
사악한 혀로 진실 보고도
거짓 이야기로 살아왔지
흰머리 독수리여
하늘 높이 올라 진실의 말
할 수 있도록 하여 주소서

*드리궁틸 : 티베트에 조장 치르는 천장天葬터가 있는 곳

천장사여
오른손에 든 칼로 내 두 귀 잘라
흰머리 독수리에게 던져다오
작은 귀로 사악한 무리
아첨한 독대獨對 들었지
흰머리 독수리여
하늘 높이 올라
올곧은 소리 듣게 하여 주소서

천장사여
오른손에 든 도끼로
두 팔과 두 다리 잘라
흰머리 독수리에게 던져다오
두 팔과 두 다리
달콤한 술과 꽃 찾아다녔지
흰머리 독수리여
하늘 높이 올라 거동이 힘든 이에게
봉사할 수 있도록 하여 주소서

천장사여
그 오른손 칼로 멍든 간肝과 심장 잘라
흰머리 독수리에게 던져다오

흰머리 독수리여 나의 모든 것
깨끗이 먹어 버려다오
한 점 살도 남기지 말고
핏방울까지 깨끗이 먹어다오
하늘 숨결 이승으로 이어주는 날까지….

물안개

달과 바람 소소히 전하여주는
수면에 비추이는 소싯적 이야기
내일로 둥글게 걸어가는 초침 모아
한 올 한 올 가슴 깊은 곳에 풀고
물거울 녹아든 망각의 나날
검버섯 앉은 중년 이마에
흐릿한 물보라 피어난다

부드러운 깃털 부력으로
마지막 있는 힘 다하여
낮게 날아야 하는 물새 한 마리
오므린 다리 길게 드리워
사그라져 멈춘 시침과 분침
얇은 물 수평 토방 부풀려 쌓는다

정오 몸부림 삼켜버린 산 그림자
물그림자 되새김질하여
뱉어낸 호흡 알갱이
부드러운 햇살 돌돌 말아

호숫가 이리저리오가며
지나온 시간 잔등 향하여
물수제비뜨기 한다

돌아갈 곳

내 왔던 곳으로 가리라

산등성 뛰놀던 옛 더듬이
가냘픈 초승달로 전하여주는
그리움 찾아 푸른 하늘 구름길 열어
갈바람 흔들리는 억새 헤치며
저 너머 끝 희미한 기억 잡으러
해송이 들려주는 동화속 노래 부르며
등 굽은 시간 두께 벗으러 돌아가리라

벗 삼아 원 따라 가지 못하고
오솔길 걸으며 애가 타도록 반원 잘라
꽃과 벌 나비가 노니는 동산에
녹음이든 평형으로 한 줌 뿌리어
비바람 몸 낮추고
고개 흔드는 풀들의 강인함
나보다 너를 헤아려주는 下心 가다듬어
낮은 곳으로
더 낮은 곳 찾아 돌아가리라

대롱에 배인 이슬
해오름 기쁨도 잠시
잡념 들어선 순간 공중으로 사라져
만남과 동시 이별 맛 봐야 하는
참 흔적 찾아 이승 손 뼘 재기
더 이상 사방으로 뻗어나지 못 하는 날

고향인 어머니 자궁으로 돌아가
이제 편히 쉬리라

비 오는 밤

불끈한 여름 정점 넘어
혼자 넘어가는 계절
아쉬운 마음 알고 있는지
비 내리고 있다

깊어가는 밤 붙들고
마음속으로 울고 있다
떠나가는 계절 붙잡아 울고
같이 있어 주지 못하는 아쉬움에 울고
가을타는 이 위해 울고 있다

슬레이트 지붕 때리는 소리
내 추억 또렷이 떠오르고
네 추억은 멀어져가고
움켜쥔 시간 사방으로 흩어져
더딘 새벽 달음질 한다

낙엽이지는 소리
미세하게 들려오고
가을 보내는 떨림
가슴으로 꺼내 멀어진다

제 3 부

얄궂은 꿈

우덕리 연가 2

면소재지 중심으로
여러 마을 옹기종기 모여
농촌 형성한 평온한 마을이다
야트막한 야산 등지고
양지바른 곳에 25여 남짓 가구가 모여
이웃 가족같이 정겹게 지내는
만종마을 찾아가면
어른을 부모님처럼 섬길 줄 아는
젊은 부녀회장님이 계신다
여산 송씨 집안 다섯째 며느리로 시집와
시부모님 살뜰이 모셔 천수 누리셨고
웃어른 봉양 하는 일이 몸에 배어
궂은일 마다않고
세상 순리대로 살아가는 동네 어르신
챙기는 일에 몸소 모범을 보인다
여름날 챙 넓은 모자 쓰고
한낮 햇볕 위안 삼아
텃밭에서 참깨 일궈가는 모습
내 어린날

수건 머리에 둘러쓰고
늦가을 마당에서 콩 타작하던
어머님 모습입니다

우덕리 연가 3

각방뜰* 가로질러
서울로 길게 드리워진
침목 숫자 세어가는
호남선 디젤 열차 덜컹이는 소리
흐린 날이면 유난히 가까이 들린다

유월 들판 평온함이다

여린 모들
정성껏 보살피던 울안 떠나
푸른 평형으로 너른 논에 뿌리 내려
들판에 부는 하늬바람
펜촉 모양의 뾰족한 머리칼로
처음에서 다음으로 파도 물결 살랑인다

칠월 뜨거운 불 입김 쉼 없이
여러 겹겹으로 땅에 쌓여 가면
얕은 둠벙 뜨거운 숨 뱉어
거북 등으로 바닥 내보인다

지난겨울 모질게 몰아치던 북풍으로
두텁게 서로 손 맞잡고 추위 견뎌
봄날 따스함 그리워했던 들판

어느 한해 엘니뇨 심술에
다 여물지 못한 벼들이 반 이상 쓰러져
농부 가슴 타들어가던 쓰라린 아픔
수렁논에 묻어 단단히 굳어지고

앙상하게 등 굽은
농사꾼 부지런한 손길에
우덕리 들녘은
오늘도
조용한 하루 마무리한다

*정읍시 덕천면과 농소동 가곡 마을 사이 들판

얄궂은 꿈 1

1

좁은 교정엔 많은 입학 초년생들
즐비하게 늘어서서 오리엔테이션
듣기 위하여 추위 떨며 기다리고 있었다
선배로서 입학생 찾아보았는데
신입생 한 명도 보이질 않아
다른 과에 물어물어 수소문 해보니
덕천 삼거리 욕쟁이 할머니가 장사하는
허름하고 옹색한 주막집에서
나를 빼놓고 찌그러진 주전자에
시금털털한 막걸리 먹고 있단다

소주 맥주보다 막걸리 더 좋아하는
나를 부르지 않고 지들 끼리 가버려
왕따 당한 듯 서운도 하고 괘씸하여
더 이상 찾지 않았는데
얼마 후 얼큰하게 취한 군대 후임병
식당에 비스듬하게 다리 꼬고
꽈배기처럼 꼬인 혀 어눌하게

자기가 미당 선생님 가까운
옆방 배정받고
나는 미움 받았는지
땅의 블랙홀 쑥 빨려 들어간
지하 3층이라고 취한 소리로 떠든다
이런 날벼락 있나
바람에 게눈 감추듯 지하3층까지
느려터진 전동차 타고 내려가
야속한 마음 문 빠끔히 여니
아무도 없고 텅 빈 어둠 와락 안기더라

2

아마 장소가 고등학교 교실인 것 같다
내 짝 누가 되었는지
얼굴 잘 보이질 않고 큼직한 뒤통수만 보여
누구인지도 모르겠는데
젊고 호리한 여선생님은 내 쪽으로
또박 또박 걸어오는 것이다
짝은 세상모르고 엎드려 쿨쿨 자고

나는 선생님 허스키한 아리따운 얼굴
정면으로 바라볼 수 없어
고개 돌리고 딴청 피우는 척하고
눈 마주치지 않게 가끔 한 번씩 돌려다보았다

선생님은 내가 가끔씩 쳐다보는 것을
아는지 모르는지 불링불링한 치마 입은
그곳이 가려운지 조심스레 긁는 거야
내가 불그레한 쑥스러운 얼굴로
힐끔 힐끔 쳐다보는 것 아랑곳하지 않고
그저 천연덕스럽고 자연스럽게
검지 기다란 손가락으로 긁고 있는데
내 가슴 쿵쿵 뛰지도 않고
나이 먹은 탓인지 갱년기인지
그냥 무덤덤하게 곁눈으로
바라보는 내가 더 이상하게 느껴졌다

3

어느 지저분한 우사가 보이고
몇 마리 없는 소들 중 이상하게
한 마리 소가 나를 보며
주둥이 날름거리고 되새김질하는
웃는 모습으로 보는듯하다

내 꽁무니를 개구쟁이처럼 졸졸 쫓아다녀
삐뚤어진 누런 덧니빨 히죽히죽 거리고
침이 물엿처럼 흘러내리는 뭉툭한 혀 쭉 내밀어
내 얼굴 핥아 만화에 나오는 것처럼
이상한 웃음으로 웃는 소

바람에 덜컹이는 창문소리
깨어보니 새벽 네 시
찬 새벽공기 맞으며 연탄 갈러
보일러실 가며 연신 웃었다
참으로 얄궂고 해괴망측한 꿈이었다

얄궂은 꿈 2

이상한 엘리스에 나올듯한
해방동 다세대 주택
추운 경제 한파 이겨내려
슬레이트 방 다닥다닥 껴안고

구릉 바위에 내리쬐는
한줌 양지 햇볕
부러운 눈으로 바라본다

아무도 살지 않는 위층 텅 빈 방에서
가난한 겨울 이겨내지 못한 보일러
서러운 팽창으로 압박하는 고통
참고 참다 주먹울음 터트린다

아래층 독거노인 작은 천정
쥐 오줌 모양으로 잠식하고
급체한 불룩 배부른 중 천장
습하게 짓물러

낮은 곳 찾아 가운데로 응집한 물방울
멀리 튀지 못하고 함지박 안으로
간격 두고 빨려들어 파장 일으킨다

어디 고장 났을까
기술자는 얇고 긴 철심 봉
왼쪽 귀 바짝 갖다 붙여
파열된 혈관 찾아
방바닥 이곳저곳 진맥한다

몇 번 오진으로 등골 젖은 식은땀
불완전한 진찰 모습 바라보는
간병인 입에선
염려스런 거친 독설 쏟아진다

얄궂은 꿈 3

자식 자랑하면 팔불출이라던가
중학교 2학년 아들 수학 방정식을
한번 가르쳐 주니까 척척 풀어
그놈 참으로 신통방통하고 기특하다 했지
중등시절 생각 떠올라
하늘 뜻 안다는 오십 들어선 내가
그깟 문제 풀어보려
공식을 앞에 대입해도 풀리지 않고
뒤에 대입해도 풀리지 않아
연거푸 틀려 속이 상한 마음
아들 앞에서 체면 말이 아니었지

애 먹고 있는데 아이가 선뜩
아빠 그것도 몰라 살푯한 미소로
내가 해볼게 하고 알려 주는 거야
인터넷 검색 창에
"어린이 교통공원"
보란 듯 자랑하며 써넣으니까
빗장 걸렸던 문이 스르르 열려

내 얼굴 화끈거리고
쥐구멍 찾아 꼭꼭 숨고 싶었지

울 아들 공부는 반에서
거꾸로 세어 보는 게 더 쉬워
꼴찌에서 왔다 갔다 하는데
어려운 문제 어떻게 쉽게 풀었지
지금도 궁금하거든

얄궂은 꿈 4

오르망 내리망 둘레 길 걷고 있었지
길 따라 굴곡 있기도 하고
때로는 곧은 직선 나있고
산길 따라 오르막 숨차게 오르는데 뒤에서 들려오는
여성의 잘난체하는 목소리
귀에 거슬려 간혹 얄밉게 들리는 거야
간간히 따라 뒤섞여 들려오는 음침한 남성의 목소리
어느 순간 그 여성 소리가 들리지 않고 조용한 거야
불길한 예감 깊게 파인 고랑을 내려가 살피는데
남자둘이 여자를 죽일 듯 마구 때리는 거야
아무 소리도 나지 않아 나는 고함을 쳤지 신고하라고
각시는 마구 울면서 112에 신고하는데
한심하게 바라보는 선배와 여자후배
자기들과 연관 없는데
괜히 끼어들면 경찰서 불려 가 증인 서야 한다고
쑥덕거리는 소리 나를 비웃는 거야
사람 생명 왔다 갔다 하는데
무슨 개 풀 뜯어 먹는 소리 하냐고 화를 몹시 냈지
자신과 관계없다 하여

사람 쓰러져가도
전혀 신경 쓰지 않는 요즘세태
우릴 슬프게 하는 거야

얄궂은 꿈 5

대형 호텔 예식장
사람 모인 중앙 번잡스럽고
나비넥타이 잘 차려 입은 나
홀에서 서빙 보는데
눈에 들어오는
반 이상 남은 땅콩접시
누가 담뱃재 살짝 턴 거야
아까운 마음에
모닥모닥 손에 쥐고 밖으로 나와
맨 입으로 빈 껍질 호호 불어 날리고
알맹이만 남겨진 한 주먹 땅콩
쥐여진 손아귀에 만감이 교차 하더군
먹어야 할지 버려야 할지
저쪽에서 그 모습 바라보는 얼굴
김이 모랑 모랑 피어오르던
제사떡 아무 몰래 훔쳐 먹다
할머니에게 들킨 고양이처럼
얼굴이 화끈거리는 야릇한 느낌이다

얄궂은 꿈 6

외삼촌댁 동구 밖
길 옆으로 드러누운 팽나무
고목 진 늙은 나무 등에 달린 가지
더 많은 태양 양분 받으려
수심 깊은 물 중앙으로
짧은 가지 팔 길게 뻗었던 나무
잘려 나가고 널 다란 호수 매립되어
콘크리트 주차장으로 탈바꿈하여
몇 대 외제차가 즐비하게 서 있었다
어릴 때 같이 뛰놀던 어리던 후배 놈이
언제 컸는지 외제차에서
검은 안경 왼손으로 벗어 쥐고 내리는 거야
해남에서 카센터 크게 운영하는 사장님 되어
이제는 자기도 어엿한 갑甲이되었다며
허튼 웃음 웃어 보이며
형은 지금도 근로자 을乙생활 하냐고
비아냥거리는 말투로 삽 한 자루 바닥에 던지며
형님 을乙이 아니면 단단한 콘크리트 바닥 삽으로
네모나게 한 번 파보아 증명해 보라는 거여

부화가 머리끝까지 치밀어 삽을 높이 쳐들었는데
유방암으로 젊은 나이에 돌아가신
외사촌 누님 내 팔 잡으며
참으라면서 우시는데
꿈에서 어찌나 서럽게 울었던지
백화점에서 갑甲질 당하여 무릎 꿇은 그분들
번뜩 떠오르는 거야

얄궂은 꿈 7

넓은 홀 계단에 아군과 적군이
즐비하게 뒤섞여 드러누워있고
복잡한 사이 비집고
앞으로 향한 큰 문 여니
밖이 훤히 내다보이는 연병장으로
통하는 탁트인 난간이었다

칼같이 빳빳한 제복입은 군인
모두 상기된 굳은 얼굴로
발아래 나열하여 함성 지르고
나는 빈 기관총 노리쇠 전 후진시키며
하늘 향하여 연거푸 시험 발사 해보았다

탁탁 소리가 맑게 울리는 총
가볍고 내게 딱 맞는 안성맞춤이었다
발코니 문 닫고 어둠으로 되돌아 들어오는데
TV에서 많이 본 얼굴과 마주쳤다.
가벼운 목례 하고 자세히 보니
누구와 많이 닮은 짝퉁 얼굴이었다

두개 학급에서
학생은 무언가 열심히 만들고 있었다
한 학급 교실에서 조리기구 여러개 매달린
가스버너 설치하여 급식 준비가 한창이고
다른반에서는 여러학생들이
각자 개인 총을 조립하고 있었다.
그중에 친한 B친구는 아주 그럴싸한 장총을
주물로 제작하여 심도있게
조립하고 있는 모습 유난히 관심 끌었다

한쪽 눈 감긴 방송국에서 연일 먹방으로
서민 비만과 성인병으로 내몰고
덜 떨어진 한쪽으로 감긴 눈
핵폭탄 가십거리로 청맹과니 내몰아
자신들 그릇채우고 보이지 말아야 할 것들
얄궂게 꿈에 나타나 연일 불어오는 거센바람으로
나를 심란하게 흔들어 댄다

얄궂은 꿈 8

불이야!
희미하게 담장 타고 간간히 들려오는
사람 목소리
형님과 나는 대수롭지 않게 간과 하였다
시간이 지날수록 가까워지는 웅성거리는 소리
마당으로 나와 보니 밖은 어수선하고
소방차량 즐비하게 서 있었다
우리 집 담에서 치솟는 불길 집 집어 삼킬듯하여
두꺼비집 차단 스위치 내리고 불 났으니 얼른 밖으로
나가라 외치고 작은 방 살펴보는데 오래전 돌아가신
어머님 방에서 대피 할 생각 하지 않고
죽은 사람처럼 미동 없이 누워계시는 것이다
다급한 마음 야윈 어머니 보듬어 들춰 안아보니
깃털 같이 가벼운 어머니 눈 뜨며 내목 껴안아
이젠 살았구나 안도의 숨 쉬었다
길바닥엔 굵은 케이블 두 가닥 서로 엉켜 불타고
간혹 전깃줄에서 새파란 불꽃 타닥타닥
무서운 소리로 동공 타들어온다
소방관들은 끊어져 나뒹구는 불타는 굵은 케이블

아무렇지 않은 듯 양쪽 끝 팽팽하게 잡아 당겨
힘겹게 연결하고 있었다
얼마 전 서해대교 다리 지탱하는 케이블 끊어져
생때같은 소방관 목숨 앗아간 안타까운 장면
짧은 스냅사진으로 머릿속에서 지워져간다

얄궂은 꿈 9

어느 낯선 뒷골목 재래시장
비린내 막힌 코 더 틀어막고
텔레비전 먹방 프로 나오는 이상한 동물
시장 바닥 널브러진 죽음으로
토치램프에 온몸 털 송두리째 불살라
수치스런 맨몸 내보이며 오와 열 맞춰있다

얼키설키한 오각철망으로 짜여진
뜰채 담겨진 넋 없는 고깃덩이
펄펄 끓는 기름 뜨거움 아는지 모른지
허연 속살 드러내 보이며 둥둥 떠다니고
타들어가는 냄새 진동하는 좁은 길
후배 S는 아무렇지도 않은지
사이사이 비집고 잘도 걸어간다

추운 경제로 얼어붙은 방엔
누추함 묻어나고
허름한 골방에서 들고 온
거미줄 덜 털어진 전기스토브

작은 열기 큰 추위 이겨내지 못하고
힘 부친 목에서 삐걱거리는 소리가
이방과 저쪽 방 뛰어 다니는
철없는 아이 발소리 숨죽여
휑한 가슴 훑어 내린다

얄궂은 꿈 10

사람 분주하게 움직이고
몇십 년 지나도
만날 수 없던 얼굴
웅성거리는 들뜬 잔치마당
비좁은 마음으로 오간다

정으로 담아 마음으로 전달되는
고봉으로 쌓인 음식
일순 배 잔 오가고
앙금 씨앗 털어 흥은 최고로 달할 때

뒤란 짚베늘 아이 불장난으로
장딴지에 불이 붙어
아프지도 않은 성난 소처럼
마당 마구 뛰며 고함지른다

소방차 불렀어도 감감 무소식
급한 마음 발만 동동 구르고

수소문 하니
다른 곳으로 출동하였단다

이런 일이
네비게이션 고장이란다

얄궂은 꿈 11

평범한 S가 책을 낸다 한다
고릴라와 염소와 큰 개가 서로 싸우는 내용이다
온갖 맜있는 기름진 음식 다 받아먹고
몸에 좋다는 비타민 까지 챙겨먹은
우락부락한 고릴라
뾰족한 뿔 머리주름으로 이고 사는 마른 염소
산비탈에서 쫒고 쫒기는 싸움하고 있다
누구에게 받아 먹었는지
육중한 몸을 만든 마블링으로 비육된 고릴라
막강한 힘으로 빼빼마른 긴 수염 늘어뜨린
늙은 염소 사정없이 몰고 다니며 주먹과 발길질한다
수세 몰리며 요리조리 피해다니는
날렵한 염소 가파른 절벽 올라서더니
뒤돌아서서 느닷없이 앞발 모듬으로 들고
목에 힘 불끈 주어 두 뿔 높게 치켜세워
죽기 살기로 고릴라 엉덩이 연거푸 들이받는다
날카로운 송곳으로 찔린 듯한 아픔 맛본
심신 나약한 덩치 큰 고릴라
숲 우거진 야산으로 부리나케 도망가 몸 감춘다

멀리서 이 광경 바라보던
외제 사료에 입맛 푹 길들여진 기름기 질질 흐르는 꼬리
살랑살랑 흔드는 사냥개 어슬렁어슬렁 오더니
주인이 검은 입으로 길게 부는 휘파람소리에
눈에 불 켜고 음흉한 웃음 머금은 송곳니 으르렁거려
지칠줄 모르고 늙은 염소 몰고 다닌다
한 시간 정도 몰고 다니던 날렵한 사냥개
제풀에 지쳐 신출귀몰한 모습 사라져버리고
긴 혀 쭉 늘어빼 연신 핵핵거리며
굵은 침 푸른 땅에 뚝 뚝 물엿으로 떨어뜨려
동공풀린 눈은 아른거리는 벼랑에 우뚝선
바람에 흰 수염 휘날리는
늠름한 염소 경계하며 연신 주시한다

얄궂은 꿈 12

시오리나 떨어진 선산 벌초 하러 걸어간다 산 초입, 다른 문중 벌초하는 곳에 발 멈춰 어떻게 하나 바라보고 있었다. 그곳에는 말벌이 엄청 많이 날아다녀 쏘이면 죽을까 나는 무서워 가슴 조리고 있었다. 묘하게도 사람 쏘지 않아 다들 개의치 않고 일하는데 갑자기 육 십 넘은 한 사람이 뛰어오더니 묘바로 앞 상석 있는 큰 말벌집 손으로 허적거려 바닥에 던져 발로 팍 뭉개 버렸다. 신기하게도 죽지 않고 얼었던 번데기들 땅바닥 쫙 퍼져 스르르 녹으며 징그러운 애벌레로 사방 기어 다니며 내게로 다가왔다. 중년은 다시 모두 쓸어 모아 제자리인 대리석 상석에 놓고 절 두 번 하는 거야 부화 덜됐다고 이상한 일이다 생각하며 산소 다다르고 우리 조상 묘가 다른 문중 비해 봉분도 작고 잔디도 듬성듬성 자라 초라하여 별로 기분 좋지 않았다. 서글픈 마음으로 벌초 마치고 내려오는 중간 쯤 어느 묘가 크고 둘레석이 아름다운 문양으로 장식되어 화강암 비석에 써진 글은 읽어보니 태조 이성계라고 국한문 혼용 하여 큼직하게 쓰여 있어 부러웠다. 잠시 후 사모관대 입은 백발

노인 몇몇이 긴 수염 휘날리며 시제 모시러 올라온다. 오색 한복 입은 여인이 그 뒤 따르고 수 십 명 사람들 줄지어 오는 사이 비집고 어렵사리 내려가 어느 쯤 가니 무지 넓은 강 눈앞에 펼쳐져 거칠게 흐르는 곳 한가로이 뚝 방 길 홀로 걷다 내손에 쥐어진 여러 개로 쪼개진 대나무 비탈진 곳으로 떨어져 그것 줍다 그만 물속으로 쭉 미끄러져 빠져버렸다. 빠져 나오려 허우적이며 물가 쪽 수문에 세워둔 사각으로 촘촘히 짜진 철망 겨우 잡고 올라 이젠 살았구나 하며 안도의 숨 쉬는 찰라 큰 철망이 기울면서 같이 강 물속으로 퐁당 빠져 버린 거야.

제 4 부

추억으로 가는 길

섬진강에서

남도 길 따라
섬진강 물 그늘
도심 일상생활
일탈 꿈꾸어
둑 언저리에 널어놓는다

구불하게 등 굽은 둔덕
마음 비운 시름
주섬주섬 안고서
수북하게 아래로 흐르고

노을 지는 강변
농부 마음으로
빙 둘러앉은 문인협회원

해 걸음 내민 불그레한 손
텁텁한 막걸리 한 사발 들이켜
녹아든 시심
강물에 풀어놓는다

빛바랜 교정

오월 아카시아 향기
풋풋한 청보리 웃자람
구불거리는 오솔길 걸으며
조용한 오후 행복 누려봅니다
플라타너스 흔들리는
손바닥보다 넓은 부채햇살
사이사이 비집고 재잘거림 내려앉는
동심 속으로 숨은 초등학교 동무
돌담 개울 따라 산 너울로 흘러
그리운 소식 꺼내 물고 찾아온 산 까치
해맑은 부리로 콕 찍어
회색 도심 물들어 변해가는 갸름한 얼굴
연한 나비 날개 가물거리는 교정에
철부지 옛이야기 부려놓습니다
길마중 떠난 운동장
대여섯 어린아이 뛰노는 모습
왁자지껄 하던 어린 날 찾을 수 없고
눅눅한 그리움
해거름녘 측백나무에
섭섭한 물이끼로 촉촉하게 흘러내립니다

삶은 길이다

담쟁이 넝쿨
드넓은 담 자신 품 꼭 안아
실핏줄 흐르듯 끝닿지 않는 구석 찾아
다정스런 태양 손길 이리 저리 나눠
다가올 미래 같이 도우며 살자 한다
수 갈래 갈림 길
쉼 없이 사각으로 트인 담벼락
곡예사 줄타기로 아슬 아슬 뻗어간다
한줌 움켜쥔
땀 결정체 버리지 않는
소리 없는 넝쿨 걸음
널따란 조각 작은 선으로
"무소의 뿔처럼" 잠식해간다
쓰고 남은 자투리 마름모로 나뉜
담쟁이의 거침없는 모습
밤의 어두운 끝 새벽으로 바꾸는
바지런하게 움직이는 노동자 모습이다
산다는 것 담쟁이 넝쿨처럼
쉬지 않고

묵묵히 주어진 길
내일로 조금씩 다가가는 것이다

만남

미지의 머나먼
쌍 무지개다리 건너
처음 보는
아름다운 당신 만나
한 곳 바라보며
척박한 땅
행복으로 가꾸어 가는 것

아쉬움

절 뜰 서 있는
수많은 인연으로
손 때 묻은 배롱나무
화두 풀지 못하고
하루 해 저물어 갈쯤
깨우침 기다리다 지친
담 모퉁이 모란 동백
바라보기 민망하여
무의미한 오늘 접고
내일 또 만나려 고민하니
풀리지 않은 매듭
자꾸 머릿속 맴돌아 까까머리 민낯으로
엄청 가슴앓이 합니다

추억으로 가는 길 1

맑은 공기 들이키는
산 밑 초가 용마름
두툼한 기억 얇은 봉창 열고
아이들 떠드는 등살
대각으로 걷어 더디게 올라가는
게으른 아침 햇살

가난한 태양 빛
구석구석 구황 묻어난 배고픔 채우고
윗목 둥그런 수숫대로 만든 바자울
서로 겹겹으로 숨죽여 웅크려
조용히 썩어가는 고구마의 서러움
큼큼한 냄새 온 방안 물들여
징그러우리만치 코 울렁거림으로
한 치 양보 없는 내전 중이었다

좁다란 퇴근길 뜸한 골목 열어
군고구마 구워지는 계절
나이 지긋한 아저씨 목장갑 낀 손에서

생목 잡는 매서운 시간 구워
길 다란 드럼통으로 타들어가고
드럼통 들락거리며 뱉어낸
속살 노랗게 잘 익은 고구마
말랑말랑하게 벗겨지는 껍질
어린 날 배고픔 달달한 냄새로
가난했던 흔적 달래준다

추억으로 가는 길 2

방 한 켠 장식으로 걸어 놓은
알싸하게 짜인 복조리 한 쌍
외로운 기둥 단짝으로 엮어
달아나지 못하도록 발 잡아 두었다

거무스름하게 변해가는
움푹 파인 조리 겹겹으로 층 이룬
멈춰버린 영사 장면
성근 사이 비집고 솔 솔 빠져나와
주인 없는 안방
성큼성큼 돌아다닌다

섣달그믐 지나고
정월 초하루 잠 덜 깬 골목
미세한 물 입자 걷어
동 트고 있음 알려주는
복조리사려 연거푸 외치는
등짐장수의 은은하고 구수한 소리

땀으로 빚어 촘촘한 짜임새 담겨진
큼지막한 복 아름 등에 지고 이곳저곳 돌며
집집에 복조리 팔고픈 아저씨와
한 해 복 들어온다는 믿음 사려는
어머니와 오고가는 덕담 이야기소리
봉창사이 넘나들며
단잠 빠져있는 귀 열리게 한다

추억으로 가는 길 3

공동 산 밭 자락 중턱
권총모양 방죽에 서식 하던
물방개, 소금쟁이, 남생이
이사 가고 각진 아파트 즐비하다

아버지 튼튼한 어깨
어른들보다 한 뼘 더 큰 키로
올라탄 무동
세 살배기 수정체에 굴절되는
낯설고 신기한 모습

큼직한 쇠 국자 올라탄
철없는 내 또래 물방개
눈만 껌벅이며 타인 손 이끌려
둥그런 물 중앙에 놓이면
해방의 자유 수영으로
있는 힘 다해 이리 저리 발버둥 하여
자기 집으로 쏙 들어간 은둔의 지붕엔
마미 비스킷이 놓여있다

쌈지봉초 말아 피우는
흐뭇한 미소 짓는 노인 손에
위대한 신라 다보탑
다섯 개 비스듬히 놓이면
물방개는 연기 휘젓듯
앞 향하여 다시 힘찬 물질한다

추억으로 가는 길 4

귀엽게 이글거리는 태양
삼복 끈적인 향수 한줌으로
신작로 걷는 이에게 듬뿍 뿌려
검게 타들어간 일손 잠시 멈추고

매미는 갈라진 쉰 목잡고
열반의 비밀 숨겨진
득음 찾아
쉼 없이 소리공부 한다

더운 꽃 달아오르는 열기
들 너머
짧은 여운 손 끝 떠나
산 받쳐준 하늘로 흘러간 꽃향기

반두질 움직임에 걸려 든
꽁지 빠진 송사리
더위잡아 끓이고

낮달 삼킨 오침
서늘한 바람으로
탁족 즐기는 호접 따라
여름날 실개천 건너가잔다

추억으로 가는 길 5

호남선 종착지 목포 다다르면
짭쪼롬한 바다 냄새 담아
대합실에서 반겨주는
"목포는 항구다" 구성진 노랫소리

기억 더듬이는 간간히 떠오르는
수학여행 흑백 영사필름
느릿한 완행열차에 실고
기타소리 덜컹거리며 달린다

설레는 마음 역 가로질러
포구가 열어준
여객선 삼등 객실 흐릿한 불빛 따라
옹색한 계단 내려간다

출항은 모든 이의
해방구였다

카세트에서 흘러나오는
신나는 음악

석양 어우러지는 너른 갑판
젊음 불사르는 둥그런 원으로
파도 일렁임 삼켜
탁탁했던 학창시절
그리움으로 키워간다

추억으로 가는 길 6

신작로가 보이는 어귀에서
두 소녀 어린 손에
아카시아 향 묻어나는 이파리 쥐고서
동그란 이파리 누가 먼저
모두 떨구나 내기 합니다

하나 떨어지는 이파리
사방치기 하던 동무들
도회지로 떠나고

또 하나 떨어지는 이파리
밤늦도록 술래잡기하던
고향 수몰되고

남은 하나 이파리
때 묻지 않은
순수함 햇살로 떨어진다

떨어져 나뒹구는 이파리
까만 눈동자 발걸음으로
구름길 세월로 흘러가고

흰머리 내려앉은 중년 아줌마
코 흘리게 손자 손잡고
추억 향 묻어나는 이파리 쥐고
가위
바위
보

추억으로 가는 길 7

올림과 내림으로 엇갈리게 짜인
용마름 잘 덮어야
단아하게 지은 한복 동정처럼
초가지붕 깔끔하게 마무리되어
비바람에 흔들리지 않는
한 해 따스함 보낼 수 있다

바람이 쓸어 모은
곰삭은 시간 머금은 해 묵은 이엉
서슬 퍼런 조선낫 초가 홑청 들어내고
녹슨 속살 낮달에게 부황으로 내보이면
주름진 굽은 등으로 둥그렇게 말아
짚베눌 깊숙이 웅크리고 있는
엄지 손가락만한 뭉툭한 굼벵이

어느 한 해 마당에 알토란으로
툭툭 떨어진 못생긴 굼벵이를
늙은 할아버지가 구하러 먼 곳에서 왔단다
아들이 폐병으로 피 토한다며

병에 좋다는 이야기 듣고
희망의 눈물 하소연 하던 노인

추수가 끝난 들판 바라보면
양지바른 곳에서 한줌씩 이엉 엮어
한해 갈무리하던
그 시절 모습 그립다

제 5 부

가을

미용봉사

떨어지는 동백 꽃잎에도
아름답던 시절 있었습니다

한 달에 한번 쉬는 일요일이면
홍원장님은
간단한 이발 도구 정성스럽게
가방 가지런히 챙겨
노인요양원으로 미용 봉사 갑니다

때로는 쉬고 싶기도 하고
짜증 날만도 할 텐데
봉사 가는 날 아침이면
남편과 세 명의 아이들
아침밥 차려주고
정작 본인은 시간에 쫓겨
밥을 먹는 둥 마는 둥 하여도
원장님 기다리는 어르신들이 있기에
항상 얼굴에는 웃음이 가득하고
생기가 새록새록 피어나지요

섬기는 마음으로
움직이는 가위소리
머리카락은 땅에 떨어져 나뒹굴고
부모님 같으신 노인들
주름진 입가에 피어나는
행복한 미소가
더욱 커져가는 모습에
손과 발이 아무리 힘들어도
오늘만큼은
마음이 편하기만 하답니다

가을 1

내 고향 시월
내장산 깊은 골짜구니
단풍잎 하늘거려
찾아드는 이 앙가슴 태우고
성층권 받쳐 주는
배들 평야
그 곳은 지금도 바람 불면
성난 동학군
배고픈 함성 소리
한 움큼 내려앉아
바람 데불고와 옥시글거린다
벽련암 모퉁이
아기단풍들
딸깍거리는 손 뻗어
행상나간 임 기다리다
망부석이 된
백제 여인 얼굴
붉게 물들여간다

가을 2

나뭇잎에 고독을
곱게
불어 넣었더니
산새들은
부리로 붉게 쪼아
하루 종일
외로움으로 울어댄다

가을 3

추수 끝낸 들판
바람이
지난 여름이야기로
촉촉한 안개 헤집어
눈가에 찍어 놓는다

가을 4

펜 잡고
가을 하늘 채색하니
시어詩語가
오솔길에
수북이 쌓입니다

가을 5

무서리
침목枕木 껴안은
퇴색한 나뭇잎
철로 어루만지니
일 년 내내 기다리던
억새풀
질투합니다

가을 6

외롭게
자존심 지키던
마지막 잎사귀
고독 할 뿐이라며
바람과 손잡고
먼 여행길 나섰다

가을 7

단풍잎이
산자락
붉게
불 지르며
방금
산위로 올라갔다

가을 8

아기 단풍잎이
찬비내린
아스팔트 위에
손바닥
쫙 펴 보이며
나 하고
키 재기 하자고 한다

가을 9

땅에 떨어진
노란 은행잎들이
길 위
마구 뛰어다니며
바람 일으켜
멀리 떠난
옛 친구
찾아 달라고 억지 부린다

가을 10

바람이
억새풀에게
내년에
다시 만나자고
귓속말하니
그러자하며
갈잎이 대답합니다

가을 11

단풍 속살 꽉 채운
하늘
한 마리 까치가
콕 콕 찍으니
마른 부리에
늦가을
물씬 묻어납니다

가을 12

들 까치 한 마리
깨금발로
힘 빠진 태양
저만치 밀어내지만
멀리 밀리지 못하고
전봇줄에 걸려
조금 남은 하늘 보며
한숨
헐떡거립니다

가을 13

계절이
자신 살 벗겨낸다

유효기간
짧은 나뭇잎
새로운 시간
부여받기위해
나무와
긴 이별 한다

세 바퀴 돌아 피는 꽃

갈라진 목탁 틈새로 피어난
가슴 아린 사연
뒤란 동백 쓸어내리고

꽃피우기 위해
거친 울림통 가로질러
멀리 울려나질 못하여
산사 풍경소리로 맴돌이 한다

쉬지 않고 쳇바퀴 돌고 돌아
삼천 업으로 다가오는
마음의 꽃 고결한 우담바라

새로운 이름

뜨거운 불속으로 던져져야
새로운 것으로 태어난다

불구덩이 무서워하면
한쪽 구석에 처박혀
천덕꾸러기로 나뒹구는
그저 시간 녹슨
차가운 쇳덩이 불과하다

시간 껴안고 비틀어진 쇠들 모아
낡고 흐트러진 시간 걸러내기 위해
한 곳에 모아 용해 작업 한다

쇳물 펄펄 끓으며
천 삼백도 고온에서
묵은 때 벗으려
희망의 단 꿈 푹 빠져있다

새로운 모습으로 탈바꿈하려
붉은 쇳물 앞 다퉈
어둡고 좁다란 흙속으로 들어간다

시간이 어둠 지나
어깨에 묻은 흙 툴툴 털고 일어나면
새로운 이름 붙여진다

내 마음의 풍금

그녀 눈가엔 애써 숨기려는 긴 이야기
슬레이트 처마 낙숫물로 붙잡혀
커다란 눈방울 껌벅이며
애가 타도록 시들어가고

바람 다 불어 넣지 못한 풀무
덜 마른 눈물 크게 부풀려 드리워진다

신이 내 던진 운명 손아귀 꼭 쥐고
위암과 혈액투석으로
빼앗기는 희망의 작은 꿈
눈물로 목 놓아 밀쳐놓을 수 없어
지워져가는 약속한 행복 지키려
야위어진 휠체어 더욱 힘준다

감추고픈 얄궂은 판도라 상자
이른 저녁 불어오는 찬바람
바튼 기침으로 성가시게
눈 치켜세워 잠재우지 않고

박박 밀어버린 민머리 빵모자
같이 갈 수 없는 갈림길에
내 마음 풍금 소리로 서글프게 울려온다

제 6 부

초심

어머니 1

여산 송씨 막내딸로
곱게 커 가문 좋고 부자라 하여
최씨 문중 장손에게 속아서
시집오신
어머니 !
시할머니 시부모 가난으로 모신
새색시 눈물도 많이 흘렸다
그마져도 복이라고 잘난 신랑
군대 간 뒤로
뱃속에 아이갖고 어린것들
보리밥이라도 얻어 먹이기 위해
손발이 닳도록 밤이나 낮이나 일만 하신 어머니
평생 모은
아픔으로 논밭 사시더니 이제는
돌아가시고 논밭머리 소쩍새 되었는지
소쩍 소쩍 다 큰 자식
한으로 운다

잃어버린 가을

회색 도시에
가을 찾아 왔다
그 곳은 더 이상
풍요로운 곳 아닌
공장 매연과
자동차 배기가스로
질식해가는 폐허였다

포개진 하늘 속살 끄집어
갈무리하는 도심
빈 바람
허허롭게 밀어내고

가슴 깊이 묻어버린
계절 잃어버린 하늘
꼬방동네 그리워하는
무리들만
발 동동 서성인다

몹쓸 바람

선은동 뒷산이 두락봉이다
사춘기 시절 방황의 끝 찾아 헤매다
탈출구 찾지 못하여
산을 수십 번 오르내리며
호연지기 꿈꿔왔고
정읍역 떠나 서울로 향하는
기나긴 평행선 놓인 디젤기차 보며
수많은 생각의 꼬리 실뱀처럼
길게 느껴지게 하였던 곳이다
답답한 날엔 봉우리 올라
내 마음
땅 바닥에 한 줄씩 써내려갔다 지우고
또 써 내려갔다 지우고
어떤 날은 방안 틀어 박혀 하루 종일
낙서 장에 한 줄 두 줄 마음 표현하였다
어린 나에게 방황의 바람
가슴 깊숙이 자리하였다
지금도 가슴앓이 하는 날엔
속 깊이 박혀있는 그 몹쓸 놈의 바람

내 영혼 송두리째 흔들어 놓아
온 통 방안에 흐트러진
방황의 부스러기 백지에 담아
날이 새도록 짜 맞추기 한다

선은동

탯줄 거두고 걸어왔던 곳
신선이 은둔하며 살았다고 하여 선은동
어렸을 때 기억 더듬어 찾아가보았다
길 하나두고
선은동과 명덕동으로 나뉘었었는데
지금은 수성동과 연지동으로 바꿔지고
슬레이트 지붕
축축한 세월 잠식한 이끼
어스름하니 달동네 연상케 한다
구판장이었던 동네 회관엔
아는 사람 얼굴 없고
산언덕으로 향하는 옛길
이방인 마음 뒤 흔든다
친구들과 뛰놀던 뒷동산 올라보니
산은 묵고 시누대가 무성하여
산길 좀처럼 열어주지 않는다
간간히 6.25 이야기 들으며 자랐던 곳
인민군 헬기가 탱크인줄 알고 해평리에서
총알 퍼부었다는 바위 찾아 가보았지만

바위에 박힌 녹슨 총알 흔적 어렴풋하고
그냥 돌덩이 덩그러니 우거진 숲에 가려 있다
하늘 뜻 안다고 하는 지천명
세월은 강물로 흘러가고
철들지 못한 가슴
지금도 방황의 바람 가슴 안고 살아간다

자연은 그대로 인데

알래스카 구름 툰드라에서 얼고 녹고
반도 안개 대륙 쉬지 않고 잠식 한다

제트바람 백야 옷 벗기고
하늘 굽이쳐 흐르는 천상 실개천 따라
호수 맑은 산맥 가슴 지닌
묵직한 입 다문 그가 우뚝 서 있다

푸른 산 허옇게 질린 얼굴 숨겨놓은
바래진 되창문 고리 빼꼼이 잡아당겨
하늘 길 향하는 외다리
베어버린 가슴 산 기운 불러다
애써 불어 넣어 주려는
산 지킴이 숲 해설 낯설게 느껴진다

이름 없었던 나무에
사람은 이름 달아주고
이름 없었던 산길에
사람은 이름 붙여주고

걷고 보고 느끼며
몸과 마음 치유 된다며
그렇게, 그렇게 좋아한다

잊혀가는 건 아쉽다

한때 그녀는
해가 지지 않는 나라 안주인으로
세간 이목 받았던
수정 빛 파란 눈 가진
아름다운 여인이었다

가난에 버려진 어린이와
후천성 면역 결핍증에 고통 받는 이
손 잡아주는 매력의 카리스마

심한 산후 우울증과 가정불화
왕실 기자들에게 낱낱이 공개되어
심한 스트레스로
행복한 웃음 잃어버렸다

돈 쫓아 뒤따르는 파파라치
몰래 사진 찍어
신문, 잡지 까발리기 바빴고

왕족칭호 박탈과 맞바꾼 자유 신분
"도디" 알파예드와
달콤하게 나누던 밀회
오래가질 못 하였다

모든 이 가슴에
한줌 흙으로 살아있는
국민의 왕세자비
"다이애나스펜서"

춘하추동

春

나비와 벌들이
봄볕에
함께 어우러져
꽃밭에서 달콤한
사랑 놀음하자 한다

夏

사랑은
클라이맥스
다다르며
뜨거운 입김
소나기처럼 뿜어
오작교 넘나든다

秋

오르가즘 느낀 나무
허망함 흐느끼며
낙엽으로
하나
둘
앞 다퉈 떨어진다

冬

내년
다시 만나
더 나은 진한 사랑
나누자 약속하며
긴 동면 빠져든다

우린 가을로 간다

코스모스 꽃잎
하늘거리는
신작로 따라
마음은
가을 헤집는다

갈잎에
눈물 떨어뜨리는
노을
숨 멎게 만들고

까막까친 부리로
파란 하늘 쪼아
울긋불긋
산 구비 찾는 마음
빼앗기 바쁘고

돌아갈 수 없는
천년 시간

산등성이 올라앉아
세월 그림자 들춰보며
우린 가을로 간다

들과 산은 변해간다

인간은 산이 땅속 깊숙이 숨겨 놓았던
붉은 살과 흰 뼈 발라
살은 매립장 복토용으로
건강 생각하는
황톳집 짓는 곳에 덕지덕지 바른다

치부 드러낸 뼈 네모나게 잘라
돌침대 만들고 건물 외벽용으로 쓰고
남은 잔뼈 분쇄기로 분쇄하여
시멘트 죽 쑤어 아파트 공사장
산허리 잘린 도로 건설하는 아스콘으로 변하여
밤과 낮 가리지 않고 곳곳으로 팔려간다

앞 들판 논의 토양 변해가고 있다
들논 가로질러 소각장에서 하늘로 길게 삿대질하는
굴뚝 연기 하늘 똥구멍 깊숙이 쑤셔 넣지 못하고
가까운 농부 논으로 떨어져 몇 해 전엔 벼들이
까까머리에 듬성듬성 기계독 오른 것처럼
원인 모르게 뭉텅 뭉텅 말라 죽어
농부들의 원성 산적이 있었다

집 뒤 야산 골병들어 가고 있다
눈으로 볼 수 없으나 생활 폐기물 소각로에서
벌컥벌컥 쏟아지는 연기와 함께 날아오른
청산가리보다 더 독하다는 소량의 다이옥신
멀리 날지 못하고 가까운 들과 산에 내려앉아
웰빙과 힐링 추구하는 우릴 엄습해온다

사계

엽록소 입에 문
상큼한 나뭇잎
열정으로 자라나

작열하던 하지 태양
돌 꼭지 걸려
짜르르 온몸 털고

소신공양하는
오지랖 넓은 계절
낙엽 갈무리하여

새롭게 다가오는
긴 겨울 첫날밤
혼자 맞이하려하니

떨려오는
작은 가슴

작은 가슴
작은 가슴을
어떻게 해야 하나요

수채화

잔뜩 얼굴 찌푸린
하늘
구름 속에 숨은 바람
이리 저리 노닐다
한바탕 단비 내린다
말끔히
미세먼지 씻어낸
도심 하늘
이름 모른 새들
무리지어 날고
비가 한 번씩
내릴 때마다
계절은
한 페이지씩
추억을 넘긴다

해오* 解悟

복잡한 머리
진리의 깨달음은 멀고

한 알 염주
연 끊고 들어온 강원

두 알 염주
윤회 업보의 강 건너

세 알 염주
고행의 길

백팔염주 거짓참선
앎의 희열
눈물로 맞이한다

* 진리를 깨달아 앎.

봄 바다

켜켜이 파도소리 들려주는 바다
그런 소릴 듣는 내겐 바다는
어머니 품이었다

검은 몽돌이 간간히 들려주는
외딴섬 사연
그리 아름답지 않은 이야기 이었다
바다 위로 받고 싶어 찾은 바다
파도는 초라한 시인 반겨주지 않는다

한 줄 시 구절
읊조려본다

시 구절 파도가 삼키고
돌아오는 갈매기 울음소리
모래밭에 툭 떨어져
지나는 사람 발길에 사각 인다

묵은 것 버리려 찾은 바다
바다는 아픈 것 감싸 안는다

긴 백사장 뒹구는 모래소리
지난날 버렸던 한 줄 음절
타인 일탈 발자국에 갇혀
내 몸으로 들어오고파 빼끔히 쳐다본다

봄 바다 찾았는데
바다는 아무것도 보여주지 않으며
그냥 해풍 밀리는
바람 가득 안고 떠나가라 한다

초심

책속 길이 있다던
답 찾아 내딛은 첫발
끝 보이질 않는 미로였다

머리와 지친 삭신
가슴앓이 신열로
뭉툭한 백지
펜 끝 칼 되어
거침없이 잘려 나갔다

처음 잃지 않으려는 마음
시간 지날수록
빛바랜 나무
앙상한 잎으로
땅에 우수수 떨어졌다

흙으로 곰삭은 잎
해 거듭 할수록
채워지는 중심 굵은 나이테로

바람 흔들리지 않는
길 찾아
옳 곧게 걸어가고 있다

소리 공부

남쪽 바다, 해미海味
솟구친
한恨맺힌 피울음

득음得音 찾아
산천 눈雪속에
뿌려진 선혈 꽃
피어나길 수차례

휘 모리, 중중모리 장단
볼 위
소금 꽃으로
묻혀 진 삶….

흩어진 세월
인고로 승화한
한 송이 소리 꽃

하늘로 부치는 편지

어머님, 찬바람에 유리창이 덜컹거리고 초침은 자꾸 어둔 시간을 벗어나 바삐 내일로 향합니다. 이렇게 바람이 부는 긴 겨울밤엔 따스한 어머님 품이 더욱 그리워지곤 합니다. 어머님, 홀로 그 먼 나라에서 어떻게 지내신지요.

여산 송씨 막내딸로 곱게 자라, 가난한 최씨 문중 장손에게 시집 오셔 한 평생 모진 고생 하시다 이젠 살만하다 싶으니 위암이라는 몹쓸 병으로 예순 갓 넘어 이승의 마지막 끈 놓아 버리셨습니다. 몇 개월 후 매제도 간암으로 세상 등졌을 때, 저는 서른두 살 젊은 나이에 세상 원망하며 수많은 시간 허비하며 방황하였습니다.

어머님, 세월이 참으로 빠릅니다. 벌써 십 오년이라는 시간이 지났습니다. 못난 아들은 가정 꾸려 아들, 딸 쌍둥이, 막내 딸 셋 키우며 행복하게 지냅니다. 뭐가 그리 바쁘셨는지 친손자 얼굴 한 번 못 보시고 자식 곁을 영영 떠나셨는지요. 지금도 어머님 생각만하면 가슴 저 밑에서부터 슬픔이 아려오기 시작합니다. 자식을 키워보니 어머님께서 제게 베푼 사랑이 얼마나 크나큰지 느꼈고, 또 그 빈자리를 무엇으로 채울 수 없다는 걸 누구보다 많이 느꼈습니다.

어머님! 내년 봄 온 산에 고운 진달래 흐드러지게 피는 날, 어머님의 둘째 며느리와 손자, 손녀 손잡고 어머님이 계신 산소를 꼭 찾아뵙겠습니다.

최신림 세 번째 시집

어울리지 않는 듯한 어우러짐

인 쇄 2016년 7월 5일
발 행 2016년 7월 10일

지 은 이 최신림
펴 낸 이 김서종

펴 낸 곳 도서출판 Book Manager
전주시 완산구 메너머4길 25-6
전 화 063-226-4321
팩 스 063-226-4330

출판등록 제 95-3호
전자우편 102030@hanmail.net

값 10,000원

ISBN 978 89 6036 256 7 03810

이 도서의 국립중앙도서관 출판예정도서목록(CIP)은 서지정보유통지원시스템 홈페이지(http://seoji.nl.go.kr)와 국가자료공동목록시스템(http://www.nl.go.kr/kolisnet)에서 이용하실 수 있습니다.
(CIP제어번호: CIP2016014225)